Jean-Marc Buttin

Pas la peine de faire semblant d'y croire, le futur a fait le mur

Éditions Dédicaces

PAS LA PEINE DE FAIRE SEMBLANT D'Y CROIRE,
LE FUTUR A FAIT LE MUR,
par JEAN-MARC BUTTIN

DU MÊME AUTEUR :

POÉSIE.
- Jonquille et Lazuli, 2004, éditions Mille Poètes (Etats-Unis).
- Ermitage Lazuli, 2005, éditions Mille Poètes (Etats-Unis).
- Frousse chagrin Lazuli, 2006, éditions Mille Poètes (Etats-Unis).
- Houle Lazuli, 2007, éditions Mille Poètes (Etats-Unis).
- Source Lazuli, 2008, éditions Mille Poètes (Etats-Unis)
- Marée Maline, 2009, éditions Baudelaire (France).
- Temps nu lazuli, 2010, Éditions Dédicaces (Québec).
- A cherche peur, 2011, éditions Baudelaire (France).
- Cristaux de foudre, 2012, Éditions Dédicaces (Québec).
- Parloir, refrain d'exorcisme, 2013, éditions Baudelaire (France).
- Quelle heure est-il dans le grimoire du temps ? 2014, Éditions Dédicaces.

ROMAN.
- Angèle, sang d'amour, Editions Hubert Laporte (France), 1993.

ÉDITIONS DÉDICACES INC.
675, rue Frédéric Chopin
Montréal (Québec) H1L 6S9
Canada

www.dedicaces.ca | www.dedicaces.info
Courriel : info@dedicaces.ca

Jean-Marc Buttin

Pas la peine de faire semblant d'y croire, le futur a fait le mur

Ephémère certitude de vérité

Un nouveau regard vient d'éclore à son désir.
La vérité est ainsi brève aspiration,
Entre les vagues, houle des creux du plaisir,
Fugace, belle et éphémère affirmation.

Elle apparaît, entre mille combinaisons,
Nourrie des doutes, qui ruissellent sur sa peau.
Armure et carapace d'acier de raison,
Elle incurve le temps, le couchant sur le dos.

Maîtresse, lascive de sa jouissance,
Elle s'adonne à frémir aux caresses des lois,
Figée, dans un ailleurs de toute puissance,
Etrangère des affres de ses nombreux rois.

Elle glisse aveugle vers son propre abandon.
Chaque seconde à sa gloire sans partage,
Pour accepter d'être à jamais au plus profond
Des noirs revirements des goûts et usages.

La science, religion d'éternel absolu,
En fait une coquine, douce à lutiner,
Jamais lasse de banalités incongrues,
Pour confondre les intuitions, les rejeter.

La justice l'épouse dans ses sentences,
Elle se donne alors des airs d'ange de vertu,
Pour la tromper bien vite en jurisprudence
Et montrer à d'autres le galbe de son cul.

L'amour la saisit dans ses folles étreintes,
La roule sur le flanc jusqu'au bout de ses nuits,
Pour, au petit jour, la trouver mièvre et feinte.
Elle s'égare alors dans les plis de draps de lit.

Construction magique aboutie entre toutes,
Elle règne en déesse bleue des oublis du temps,
Renaît sans cesse pour obliquer nos routes.
Catin docile elle nous laisse tous indigents.

Sans elle, impossible de vivre chaque instant.
Elle s'arroge le présent, contre le rêve,
Qu'elle soumet aux tortures de l'évanescent,
Pour jouir sans fin des doutes qu'elle élève.

Premier ministre, moi-aussi...

Monsieur le président de la République !
Je n'y entends rien en chose politique.
Je veux bien être votre premier ministre,
Pour gouverner en ces temps aussi sinistres.

Je ne suis doué d'aucun bon sens, ni d'esprit.
J'éprouve pour tous les gens un profond mépris.
Je suis pingre, veule, intéressé, inculte.
Je manie avec art la lèche et l'insulte.

Mes notions de géographie sont suspectes.
Je trouve les langues étrangères abjectes.
La culture, l'économie me débectent.
J'aime l'amour à contributions directes.

Je saurai inventer de nouvelles taxes.
Inodores, indolores, nouveaux axes
D'un déséquilibre parfait d'injustices,
Mes prélèvements seront doux artifices.

Je décréterai la liberté absolue,
Sur terre, mer, ciel et zones de tous abus,
D'interdire tout ce qui n'est pas inventé
Pour prendre partout et à tout moment son pied.

Dissolution de pôle emploi et de l'E.N.A,
Salaires minima nets mensuels très bas,
Salaires maxima nets mensuels peu hauts,
Amnistie générale et gratuité de l'eau.

Création d'une armée de gardes frontières,
Fumeurs de shitt et bas de la cafetière,
Ne sachant pas lire, écrire ni compter,
Nourris par l'habitant, blanchis et bien logés.

Je ne resterai en fonction qu'une seule année.
Juste le temps de tous les espoirs retrouvés.
Ensuite, je ne serai candidat à rien.
Alors, vous pourrez, serein, reprendre la main.

Le tirage au sort est science politique.
La fonction crée le ridicule et les tiques.
Les médiocres ont assez servi notre état,
Il est temps qu'un vrai nul gère, sans tralala !

Hirondelles et fées

Seule en livrée noire et blanche,
D'arabesques folles d'un soir.
Le ciel d'un désir s'étanche
Au vol d'une hirondelle espoir.

L'oiseau fou crie dans le soir bleu
L'appel du printemps vers les siens,
Mais le soir calme sonne creux
Du vide d'oiseaux magiciens.

Dernière des hirondelles,
Au bout des migrations du temps,
Messagère à tire d'aile
Annonçant son dernier printemps.

Les fées et les hirondelles
Partageaient les secrets humains,
Que de leur magie d'oiselles
Elles transformaient en destins.

Les fées nous sont invisibles,
Les hirondelles disparues,
Nos rêves inaccessibles
S'évanouiront dans les nues.

Le printemps viendra quand même,
Sans fée et sans hirondelle.
Saurons-nous dire je t'aime,
Sans les grâces de ces belles ?

Dernière des hirondelles,
Une fée dans le ciel du soir,
Promesses bleues sensuelles,
Le printemps s'imbibe d'espoir.

Gueule de bois

Le désir pour ivresse.
L'espoir pour gueule de bois.
Loin du cœur, loin des fesses,
Seul, le rêve au bout des doigts.

Mes lèvres, sur ton sexe,
Caressent le firmament
D'érections, feux connexes.
Reste un rêve fou, d'amant.

Je brûle d'une lave.
Sur la chute de tes reins,
Le temps s'écoule esclave
Des caresses de nos mains.

Toujours ce parfum d'amour,
Dans la bouche des baisers,
Dans le voyage au long cours,
Quelques mots à susurrer.

Sur les pointes de tes seins,
Les sommets de conquête.
Tes jambes, petits matins,
Dans les houles tempêtes.

Je suis ivre d'un amour
A se rêver d'avenir,
Aux abysses des toujours,
Où se cueillent les plaisirs.

J'ai la bouche pâteuse,
Le ventre chaud douloureux
Des vertus capricieuses
D'un sexe encore amoureux.

Je redessine ton corps,
Frissons d'impossible oubli,
Rêvant encore et encore
De nos amours à l'envi.

Eclat sublime

Les baisers comptez-vous
Au nombre d'abstentions,
Les grands énarques fous
Vous l'ont mis dans le fion !

Ils disent à l'envi,
Qu'il faut faire des efforts,
Payer leurs conneries
De têtes d'œuf de la mort.

La crise est leur credo,
La dette leur terreur,
On en a plein le dos,
De leurs discours de peurs !

Les mêmes depuis trente ans
Appliquent leurs leçons,
De promesses de vent,
Nous prennent pour des cons !

Rhétorique de fous
Dans les palais dorés.
Politiques du flou,
Pour électeurs bernés !

Chômage de masse,
Impôts exagérés,
L'Europe entrelace
Les peuples malmenés !

Deux drapeaux flottent au vent
De la République…
Un de trop pour le temps
D'élites merdiques !

Schizophrènes d'état
D'un ancien régime,
La colère ici-bas
D'un éclat sublime.

Le roi, d'un rêve nu de ventres creux

Il pérore nu, entre ses deux étendards,
L'un d'étoiles d'or et l'autre bleu blanc rouge.
Enarque d'ancien régime, sans son costard,
Il baise une chèvre, mange du chou rouge.

Le peuple n'y comprend rien, de son verbiage
De courbe, de dette au chômage, de crise.
C'est la ritournelle d'un vieil habillage,
Avec quelques promesses, comme cerises.

Et patati la dette, patata d'euros,
Pauvres chômeurs inertes en courbe inversée,
Demain sera fête, si vous pliez le dos !
Il donne son rôle de monarque inspiré.

Sous ses pieds nus, les urnes d'un récent scrutin
Dégoulinent de haine, d'absence d'envie.
Il se gratte les burnes, reprend son refrain,
D'une voix de poussière épouse le déni.

Il décide de changer de gouvernement,
S'empresse de reprendre les mêmes, son ex,
Son meilleur pote, des femmes, son opposant,
Dans un flou convenu de mélange inter sexes.

Etre roi est difficile en République,
Alors les urnes sont là pour faire décor,
Comme les drapeaux aux couleurs historiques.
L'important est de durer pour jouir encore !

Vive l'Europe, vive la République,
Vive les énarques et les combinaisons !
Le roi est nu, chantre de mots hystériques.
Il a oublié qu'il fut fait par la nation.

Il se réveille alors, au pied d'une courbe,
Sa popularité piétinée par des gueux.
Les électeurs aiment plus que tous les fourbes,
Qu'ils font roi, le temps d'un rêve de ventres creux.

Désir

Magicien du chaos,
Superviseur du désordre,
Agenceur des multitudes,
Ouvreur de voies sans fin.

Rosée sur une jonquille,
Lumière de printemps,
Surrection du néant,
Agencement des gravités.

Extension d'univers,
Inventeur de toutes issues,
Pilote aveugle clairvoyant,
Douce bienveillance.

Caresses divines,
Quotidien des turpitudes,
Génie de liberté,
Captation d'inconscience bleue.

Béates errances,
Méandre des interstices,
Inspiration de lumière,
Energies du hasard.

Aux limites de notre temps,
Aléas des impossibles,
Caractères de l'incertain,
Le désir, notre ange gardien.

Harcèlement sexuel

Poème Pamphlet.
Dédicace aux salariés modèles,
Aux syndicalistes obscurs,
Aux inspecteurs des travers aveugles,
Aux militants de l'oubli,
Aux arcanes de justice,
Aux pervers délicieux.
Dédicace spéciale à certain faiseur de flan de côté.
Dédicace à OPPELIA SUBCOSTATA, fossile très spécial, et à
toutes les ammonites du Bajocien.

2012

Un homme m'a accusé
D'harcèlement sexuel,
Sur les femmes salariées
De mon lieu professionnel…

Caché derrière un statut,
Conféré par ses amis,
Insinua mains au cul
Et jeux de touche pipi !

Puisa dans ma poésie
Ses arguments d'ineptie.
Intelligence salie,
Détrousseur de rêveries,

Faussaire de vérité,
Courba les mots fantasmes,
Pour les faire insanités,
Saloperies et miasmes.

Aucune femme jamais,
Nulle part où j'ai été,
Ne fut par moi harcelée.
Tout un chacun le savait !

Il jouit de me blesser
De ce coup bas orchestré,
S'appliqua à diffuser
Une rumeur structurée.

Un poème contrefait,
Insémine un discours noir,
Putride et chaude diarrhée,
Du seul désir de pouvoir,

D'un homme au statut d'élu,
A la soif de revanche
A bon compte et sans vertu,
Que sa violence étanche.

Interprétant le réel,
A l'aune de ses désirs.
Harcèlement sexuel !
Maître mot de son plaisir…

Quelques complices cachés
En un CHSCT,
Venus pour vilipender,
Auront su l'encourager.

Courage de besogneux
Ayant peine pour jouir,
Perpétra l'ignominieux,
Aux fins de me démolir.

Tordit la réalité
De mots chauds de poésie,
Pour aller me dénoncer
Comme créateur d'infamie…

Tira son coup d'alerte,
Auprès de ma direction,
Pour qu'une enquête experte
Donne corps à l'abjection.

Alerta les inspections,
Médecine du travail,
Demandant ma suspension,
Pour m'interdire de travail !

J'ai saisi la justice,
De cette dénonciation,
Pour avérer ce vice
Par une condamnation.

2012-2013

La justice est bien lente,
Quand la rumeur prospère
Sur ses plus belles pentes,
Où le fourbe s'agite…

Les inspections des travers
De notre République
Chantèrent, sur les envers,
Leurs couplets juridiques…

Un salarié, protégé
Par un statut combiné,
Les fit aveugles, sourds nés,
Repreneurs d'insanités.

Ainsi la paix sociale
S'arrange de cadavres,
En violant la morale…
Se désole et se navre…

J'ai du quitter mon emploi,
Sous la honteuse rumeur,
Et mon honneur, de surcroît,
Entaché de ces horreurs.

La justice prit le temps,
En longs préliminaires,
De son rythme d'autre temps,
Arcanes judiciaires…

2014

Justice est vieille dame
De vieux détours, percluse,
Longs jugements en gammes,
Procédures obtuses.

Elle se prononce une fois,
Puis accepte des recours
Par le respect de la loi,
Condamne enfin, pour toujours.

Deux ans après ma plainte,
Le prononcé des juges,
Au bout du labyrinthe,
Dévoile le subterfuge.

Justice est enfin rendue.
La dénonciation punie.
Absence de mains aux culs,
Défaut de touche pipi !

Mon honneur ainsi blanchi,
Mon délateur averti,
Les inspections engourdies,
La rumeur toujours nourrie,

A pôle emploi j'attendrai
Que le temps se fasse long
De petits entrefilets,
Sur de viles constructions…

Calomniateurs sachez le !
N'usez pas de fausseté,
Pour vous croire protégés
Du délire d'impunité !

Non, jamais je n'ai été
Un harceleur sexuel !
Poète de petits pieds,
Mes vers sont parfois charnels.

Chômeur, j'attends que le temps
Se traîne vers ses issues,
Où accourent les amants,
Pour de belles entrevues.

Salariés de paix sociale
Fuyez les usurpateurs,
Imposteurs du lien social,
Qui vous imposent leurs peurs !

Ne soyez pas complices
Silencieux de la rumeur,
Témoins de lourds sévices,
A vous cacher sous vos peurs !

Levez les voiles d'horreur,
Pour prendre le vrai large,
Au quotidien des saveurs,
Êtres de vrai courage !

Fonctionnaires contrôles,
Nettoyez vos mirettes !
Préservez-vous des drôles,
Pas toujours très honnêtes !

J'absous vos lourds silences,
Pour être votre pareil.
Votre belle insouciance
Doit bercer votre sommeil !

J'aime vos noirs silences,
Profonds comme la vase,
Ce goût de l'impudence.
Je demeure en extase…

Autre temps, ailleurs

A petits pas, chaque jour
Se construisent les détours,
Ceux merveilleux des amours,
Ceux plus chiasseux des vautours.

J'ai aimé les silences,
Noirs de belle humanité,
De ces fières consciences,
Soucieuses de Liberté.

Electeurs du délateur,
Vous avez su l'inventer.
Récepteurs de la rumeur,
Vous l'avez encouragé.

Sans dire ce que vous saviez,
Vous êtes restés neutres,
Quand vous aviez sous le nez
L'agissement d'un pleutre…

Ainsi va notre monde,
De grande civilisation.
C'est partout à la ronde,
Sueurs froides des poltrons…

Chacun reste à sa place,
Quand un esprit est violé,
Protégeant son espace
En slogan de Liberté.

D'autres, protéiformes,
Avancent en errance.
Oublieux de la norme,
Font preuve d'allégeance …

Profèrent des à peu près,
Sous leur large parapluie.
Continuent à diffuser,
Répètent ce qu'on leur dit.

Soucieux de l'ordre public,
En quelques ragots surets,
Quelques mauvais diagnostics,
Ajoutent leur camouflet…

Ils prennent leur part de flan,
Au sucre doux d'avanie,
Parfumée aux vieux relents,
Bouffe-poète à l'envi !

Pendant que j'étais violé,
Comme poète et salarié,
Chacun su se dédouaner
Par mots creux, désenchantés !

Vous êtes les innocents,
Absents de leur destinée,
Bons citoyens, bons parents,
Chantres de la Liberté !

Jouisseurs de misère,
Vous savez changer de cap,
Bien piètres partenaires,
Pour que rien ne vous attrape.

Jouisseurs solitaires,
Vous savez vous protéger
En verbe imaginaire,
Inventeurs de vérités.

Et vous syndicalistes,
Directeurs de consciences,
Catarrheux moralistes,
Vos belles suffisances

Ont su créer le cadre
Propice à la violence,
Instrumentant le ladre,
Pour votre jouissance.

Fonctionnaires d'alertes,
Vous avez laissé dire,
Tenant la porte ouverte
Aux artisans du pire.

Laisser brûler un livre,
Salir une peinture,
Ou taire des mots ivres :
La bien sombre aventure…

Déniant la création,
Et vivant la censure
D'une vile délation,
En battant la mesure,

C'est le tempo de la mort
Qui fut alors orchestré,
Acceptant sans un remord,
Qu'un poète fût violé…

Pour quelques rimes chaudes,
Gentillettes retenues,
Où le sexe minaude,
En quelques phrases de cul…

On peut ne pas apprécier
La rime de poésie.
On peut aussi exécrer
Le poète qui la fit.

Acceptant qu'un poète
Subisse l'ignominie,
Témoins restant inertes
De telle saloperie,

D'aucuns ont touché le fond
De l'humaine condition.
Savourez leurs contorsions,
Ecoutez leurs ablutions !

Ils auront sur les lèvres
La marque du silence,
Qui tordra les mots mièvres,
Croupis dans leurs consciences.

Quand vous les évoquerez
Dans le verbe de slogans,
Essayez de les croquer,
Avec leurs mauvais penchants !

Le poète est imparfait,
Que l'intuition invite
A peindre ce qui se fait,
En mots que l'on évite.

Un poète maltraité,
C'est une voix qui s'éteint
Au concert d'humanité.
C'est le bestial qui nous tient.

Il n'est pas de très grandes
Ni petites créations,
Une seule sarabande
Pour nos imaginations !

Je resterai le bouffon
De ces mots bien trop sérieux,
Pour écrire les perversions
Des imposteurs miséreux.

Je cueillerai ces mots là
Dans la corbeille du temps,
Pour nourrir les cancrelats,
Qui infestent le présent.

Je les donnerai en vers
Aux empêcheurs de rêver,
Pour que même les pervers
Jouissent de vérité.

Je ne pardonne jamais,
C'est une compromission
Aux plus traitres des regrets.
Je flatte les abjections…

Pour les : « Je ne savais pas ! »,
Les : « c'est un vrai parano »,
Et les : « Qu'est-ce qu'il nous veut là ? »,
Je crie : Chapeau bas ! Bravo !

Vous êtes la source bleue
A ne pouvoir se tarir,
L'inspiration pour les dieux
Des créations à venir.

On aime les poètes,
Dans notre démocratie,
Les parfaits exégètes
Des mœurs et des appétits.

Mais on les aime bien morts,
Quand on les sait silencieux,
Sûr qu'ils ne feront de tort
Aux silences harmonieux.

Quand on en croise un vivant,
On s'acharne bien vite
A dénigrer son présent
D'une glose gratuite.

On aime qu'il parle fleurs
Et aussi petits oiseaux,
Mais qu'il taise son ardeur
A nous courir sur la peau.

On l'assigne au silence.
Dénonçant les limites
De notre tolérance
Des zones interdites,

Qu'il aille ailleurs s'éprendre
De nos envers les plus noirs !
Qu'il s'empresse de nous rendre
Les acquis de nos espoirs !

Les bouffons n'ont plus de cour,
Où jouer à culbuter
Les pouvoirs et leurs atours,
Pour en faire sexe à penser.

Chacun dans sa case bleue
Doit attendre sa becquée,
A se prendre par la queue
De violences tarifées.

Chers collègues oubliés,
Fonctionnaires trop zélés,
Syndicats de lâcheté,
Voilà de quoi éructer.

Dégustez cette becquée !
A pôle emploi j'attendrai
Que vous ayez digéré
L'encre de ce doux pamphlet,

Jusqu'à vous voir à nouveau,
Dans vos œuvres de princes,
Repus, meuglant comme veaux,
Crabes aux longues pinces.

Grains du désir

Aréoles
Grains du désir
Bouches folles
Corps à gésir

Pointent tes seins
Au creux des mains
Ton sexe feu
Au bleu des yeux

Nectar d'amour
Cuisses velours
Grain de ta peau
Langue sans mots

Houle plaisir
En souffle court
Etre à jouir
En mal d'amour

Douce saveur
Sel de baisers
Larmes bonheur
Comment s'aimer

Des coups de reins
Aux coups du cœur
Tes jolis seins
Blanche couleur

Aréoles
Grains du désir
Bouches folles
Griffes désirs.

Conseiller, moi-aussi (bouffonade...)

Je ne suis pas cireur de pompes,
Je ne suis pas énarque non plus,
Et, sauf bien sûr quand je me trompe,
Le bon sens moral est ma vertu.

La République ouvre ses cuisses,
Généreuse fille des amours,
Au ministre à comptes en suisse,
Aux conseillers docteurs fol amour.

La démocratie est un slogan,
Porté dans le dos, poisson d'avril,
De ses nombreux virtuels amants,
Qui ne se découvrent pas d'un fil.

Quand le peuple met dans les urnes
Les bulletins venant dire non,
Il devient alors taciturne
Refusant d'être pris pour un con,

Quand le pouvoir lui fait dire oui,
Lui inflige une grande rigueur,
Peinte de sociale démocratie,
Aux courbes saignantes de chômeurs.

Le roi est privé de vrai bouffon.
Il est nu, en haut de l'escalier,
Bedonnant, chef de guerre bidon.
Il rêve gloire et prospérité.

L'avenir n'est pas encore écrit :
Rémunération du capital,
Tous ensembles la même Patrie,
Quel salaire pour un général.

Les média, au bas de l'escalier,
Boivent le même jus de crâne,
Friands de baise, de coups montés,
Prennent les Français pour des ânes.

Peuple abêti a grand appétit
De faiseur de rêves avortés,
Dont il chatouillera le zizi,
Avant, tout cru, de le dévorer !

Pacte Républicain d'espérance

Où est-elle cette belle et grande histoire ?
La terre a-t-elle bu tout le sang de mémoire,
De têtes tranchées, de guerres, de maquisards,
Pour des Jean foutre d'une élite de couards,

Venus d'une énarchie nous faire des leçons
De démocratie en serviteurs du pognon,
Séides des réformes pour ne rien changer
De l'ordre nucléaire américanisé ?

Nous sommes un peuple soumis, colonisé,
Dévoreur de solitudes, médiatisé,
Qui ne peut même plus se rêver d'avenir,
Abêti d'avoir, dans sa course à surjouir.

Une pensée prédigérée nous étouffe.
Nous rotons les sodas de cette malbouffe
Sur les pompes cirées, les cravates noires,
Du fric roi qui nous assène ses victoires.

Nous avons oublié comment vivre ensemble,
Être différents dans ce qui nous rassemble.
Sous le joug du capitalisme tout puissant
Nous portons nos chaînes d'esclaves impuissants.

Nous voulons croire aux miracles de fiers déments,
Inventeurs d'usines à gaz, de boniments,
Qui n'ont de perspective que taux d'intérêt,
N'ont que le profit pour pensées sous le béret.

Le bonheur ne s'invente pas dans les urnes
Ni en paressant à se gratter les burnes.
Il faut d'abord s'aimer soi-même tout entier,
Refuser que d'autres nous prennent pour sujets.

Inventons la République de citoyens,
Qui se demandent en se levant chaque matin
Quel geste ils feront, ce jour, pour construire un peu
Cette Nation, où chacun sera plus heureux.

Point de petite ni de grande création,
Chacun sa part à l'édifice de Nation !
A chacun sa juste et belle contribution.
Vouloir être ensemble avant de faire du pognon !

Voreppe

Sur la peau des cuisses chaudes des pré-Alpes,
Voreppe la douce ouvre son sexe au soleil,
Sur les pentes de Chartreuses, son clitoris
Dur, comme un ciel de métal gris en orage.

La Roise coule son nectar de doux plaisir,
Jusqu'aux grises berges lascives d'Isère,
Sous les caresses brûlantes d'un soleil feu,
Qu'un ciel déchire entre les nuages d'été.

Sous Roche Brune et le moine de calcaire,
Les amours détroussent les vierges des couvents,
Qu'un tonnerre zèbre d'éclats de jouissance,
Dans leurs prières de désir de jours déments.

Au loin là-haut, dans le habert des Banettes,
Oublieux des frasques des cieux en colère,
Des hommes en sueur s'étreignent en pleurant,
Comme les loups, qu'ils ont entendus au couchant.

Le village sonne de ses cloches de joie
Les atrocités bleues, qu'il couve calmement,
Attendant que les nuées noires déversent
Leur déluge grêle sur la peau des amants.

La trouée de la mère d'Agout joue piano
Sa musique de vents bourrasques tourbillons,
Sur les lèvres maïs de ce sexe béant,
Ouvert aux coups de boutoir d'un orage noir.

Peupliers verts, trains, voitures et cheminées,
Soulevés comme fétus de graines désir.
Un nuage noir passe sa fougue ressac,
Pour laisser la belle sur sa porte des Alpes.

Un village s'endort au creux de ses amours,
Sous un ciel apaisé, offert à la brune.
La blancheur d'une roche aux couleurs d'orange
Berce une douce profondeur d'immensité.

Au jour le jour

Métisses
Nos rêves s'entretissent
Quotidiens
Aux caresses de nos mains

Caprices
Nos envies nos unissent
Fantasmes
Aux élans de nos spasmes

Prémisses
Déraison des intuitions
Absences
Aux bleus de l'impatience

Complices
Au grain d'une peau frisson
Orgasmes
Le sexe cataplasme

Délices
Les évidences portent
Désordre
L"impossible à détordre

Epices
Des baisers de langues feux
Tortures
De suaves blessures.

Poison d'avril, muguet de mai

Au dernier jour d'avril,
Les poissons s'envolent.
D'un battement de cils,
Sans autre parole,

Ils quittent ton dos nus,
La chute de tes reins,
Aquariums parcourus,
Aux caresses de main.

Vers les grands océans,
Loin du grain de ta peau,
De nos jeux fous d'amants,
Ils regagnent leurs eaux.

De toutes les couleurs,
Papillons du printemps,
Merveilles et splendeurs,
Rêves évanescents.

Sur tes aréoles,
La pointe de tes seins,
Le beau mai frivole,
De ses baisers câlins,

Pose les cerises
A croquer le désir
De la chair exquise
De la pulpe désir.

Le miel de ton plaisir,
Le parfum du muguet,
Les saveurs à jouir
De nos amours en mai.

C'est quoi, c'est où ?

C'est quoi, c'est où,
Ce pays fou
Où tous les vieux
Au fond des yeux
Ont la frousse
Qu'on les pousse

A avoir dix sept ans
Sans espoir ni présent
Etre jeune à nouveau
Sans argent ni boulot

C'est quoi, c'est où,
Ce pays fou,
Où les jeunes
Abandonnent
Le rêve aux vieux
De jours heureux

A penser à l'amour
Des demain pour toujours
De l'argent à gogo
Sans rides sur la peau

C'est quoi, c'est où,
Ce pays fou,
Où les puissants
Sont tous absents
Une énarchie
De touche pipi

A vouloir réformer
La belle société
En grande usine à gaz
A la pensée Gattaz

C'est quoi, c'est où,
Ce pays fou
C'est la France
Déshérence
Va-t-en-guerre
Fractionnaire

Moi, Moi président, nouveau garde chiourme

Même galère,
Grands mots austères,
Espoir à terre,
Pourquoi s'en faire !

Gna gna gna ploum ploum !
On ne comprend rien,
Y'a comme un grand boum,
Ca ne va pas bien…

Tous dans le grand bain
De la croissance !
Verbe américain
De la démence…

Dette P.I.B.
Croissance molle,
Discours de benêts,
Singes marioles !

Ca ne va pas bien
Dans les têtes d'œuf !
On ne change rien,
Pourquoi faire du neuf ?

Gna gna gna ploum ploum !
Grandes élections,
Le grand badaboum
De la déception…

Gna gna gna, rigueur.
Toujours la guerre…
Même pas peur
De la misère ?

Moi, Moi président,
Gna gna gna ploum ploum !
LE GRAND CHANGEMENT :
Nouveau garde chiourme !

Imprévisible

Imprévisible
Comme le frisson
Tous les possibles
Désirs déraison

Au bord de l'oubli
De solitude
L'espace infini
De l'hébétude

La certitude
Quel que soit le temps
Des gratitudes
D'un lien hors du temps

Imprévisibles
Flux des élans nus
Nœuds invisibles
Plaisirs ingénus

Mots indicibles
A fleur de lèvres
Imprévisible
Réel du rêve.

Jour anniversaire

C'est chaque jour l'anniversaire
De quelque vieux pets de travers.
Le roi fête ses deux années
D'un lourd verbiage suranné.

Grosses tartes à la crème,
Comme couronne et diadème
Sur sa tête de culbuto,
Un poisson d'avril dans le dos.

Le contournement de courbes,
Social démocrate fourbe,
D'un chômage du populo
Cerise sur le beau gâteau !

Un discours à la mords-moi l'nœud,
Pour faire grandiose et bien heureux,
Entre deux bouchées de crème,
Pour dire ça va, j'veux qu'on m'aime !

Dans la gêne y'a pas de plaisir.
Quand on aime faut pas s'alanguir !
Vive l'Europe psychotrope
Pour énarques interlopes !

Pacte de nouvelle rigueur,
Le roi nous prouve sa vigueur :
Un gâteau pour l'anniversaire
Des cocus des belles primaires !

C'est chaque jour l'anniversaire,
De quelques vieux pets de travers.
Le moment de s'mettre à l'aise,
Jour de joie et de bonne baise !

Nous pouvons lui fesser le cul,
Un gros gâteau pour le chôm'du,
Une cerise pour le roi nu,
Un gros noyau à croquer cru !

Pour bien ferrer

Tes plus beaux appas
Galbent le monde,
Lumière et éclats
En transe ronde.

Littérature !
L'èche en asticot,
Belle culture,
Déforme les mots.

Tes plus beaux appâts,
Pour la pêche au gros !
Tes lèvres grenat,
L'ombre de tes mots.

Littérature,
Folle orthographe !
La sinécure
Lexicographe.

Au Je lèche cul
Je veux t'admirer
Ma belle ingénue
Aux pièges de fée.

Prend-moi par le col,
Fruit du désamour,
Ivresse d'alcool
De tous tes atours.

Herbes folles

Nos mains glissent les caresses
Des mots charnus de nos baisers
Sur les rondeurs de nos fesses
De peau frisson électrisée

Mon rêve s'éveille au désir
Ton corps se love aux plis d'amour
Sur l'herbe tendre au goût plaisir
Nous sommes l'oubli sans retour

Ta bouche aux fruits de luxure
Langue du feu fol avatar
Coule de source aventure
Des soifs rosée de doux nectar

Amants des ignorances bleues
Nous plongeons dans le temps du vent
Au risque de n'être amoureux
A jamais que d'un seul instant

Nos mains pétrissent la Terre
De nos corps en peau de rêve
D'un grain d'orage mystère
L'orgasme cueilleur de sève

Nos souffles ont pris l'espace
De l'ivresse de nos envies
Sur le sol reste la trace
Des herbes folles de la vie.

Au temps des cerises…. BOUM !

Voilà ! C'est fait ! La courbe est enfin inversée !
Moi président ! Tralala, poët poët ! Yop là boum !
J'ai réussi ce que nul autre n'avait fait,
Je suis l'énarque roi, le prince Badaboum.

Europe, France, l'Euro, chômage et dette,
Dans un beau méli-mélo, j'ai tout embrouillé,
Promesses ! « Je te tiens par la barbichette ! »,
Je suis le président du front émancipé !

Yop là boum, tralala poët poët ! Sous le casque,
Motocycliste avisé je prends le guidon,
Incognito, chef de guerre expert en frasques,
Je peaufine encore mes prochains discours bidons.

Je vais leur mettre bien profond l'effort, l'EFFORT,
La grandeur bla bla bla et la dette crise !
A ce jeu là je suis pour toujours le plus fort !
Le front ? Sur mon gâteau la belle cerise.

Moi président de la grande République,
Je garde le cap de la belle errance,
Au bout, là-bas en belle énarchie lubrique,
Je pose le front sur le sein de la France !

Moi président, et bla bla bla yop la boum !
BOUM !

Un baiser

Un baiser
Rêve bleu
Pour oser
Un aveu.

Un regard
Au désir
Au hasard
Le plaisir.

Lèvres feu
Un frisson
Fièvre jeu
D'unisson.

Un baiser
Caresse
Enlevée
Promesse.

Caresses

Une perle cristal de vie
Sur le téton rose d'un sein
Le sperme d'un spasme d'envie
Brille sur les bords d'un chagrin

Aux creux des reins le galbe rond
De fesses Lune d'une nuit
Les amours aux rêves féconds
Caressent la peau de l'oubli

Un râle s'envole en souffle
D'un feu de brûlure du temps
La peur s'apaise et s'essouffle
Dans les flux jouir des amants

Des lèvres posent un baiser
Qu'une langue accompagne au loin
Sur un sexe à réenchanter
Où s'entrouvrent les lendemains

Une main déchire l'ennui
Des oripeaux d'habitude
Aux plis du désir insoumis
S'effacent les certitudes.

Amants d'éternité, amants électricité

Le frémissement de tes lèvres
Juste avant ce baiser de l'amour
Comme la foudre avant la trêve
De pluie d'été au cœur troubadour

Nos mains qui cherchent les points d'appui
Du rêve bleu glissant sur la peau
Les mots s'éteignent dans leurs non-dits
Le désir pose ses oripeaux

Nos langues susurrent silence
A sucer le sucre de l'instant
Saveur de nos belles errances
Au temps plaisir velours des amants

Elus des hasards au vent d'amour
Nous voguons cap au plaisir d'aimer
Le désir au frisson du pourtour
De l'île mystère où accoster

Au profond de nos regards de feu
Entre les gouttes de pluie d'été
L'élan séduire gagne peu à peu
Les flammes folles à se posséder

Sous l'orage la foudre s'abat
D'un déchirement de l'air ambiant
Nos ongles griffent les aléas
Le temps se fige en un seul instant.

Steak tartare

Un évêque dans mon assiette
Dans son costume noir de ville
Un steak tartare vinaigrette
Avec un léger filet d'huile

Ton accent circonflexe sur l'Ô
De ta Franche Comté frissonne
Sur la peau de tes bras il fait beau
Tu souris et je m'abandonne

Au fond de ton regard l'abîme
S'ouvre d'une douce déraison
Instant magique au temps sublime
Mon sexe érectile en doux frissons

Aux rives lèvres d'un café noir
Un baiser tendresse susurre
L'équivoque de cet au revoir
Embrasement désir brûlure

Je te découvre nue dans la rue
Déserte au charivari du temps
L'espace nous offre l'inconnu
Du voyage désir des amants

Dans son costume noir de ville
Mon regard nu croise un évêque
Dans mon assiette frite à l'huile
Cette envie de toi intrinsèque

Cathédrale du plaisir sacré
Je cours arrêté sur les hauteurs
Invisibles du souffle coupé
Le désir étranger du bonheur.

Portail en bois

J'écris
Comme une jérémiade
Pleurée
J'escalade ce portail
A ne jamais franchir

Comme une femme
A aimer
Que je n'ose désirer
Je reste figé
Sur le battement du temps
Au bord de la route

Une promesse
D'amour interdit
Un kyste
Trop lourd à porter
Pour une jouissance
En demi-teinte

Aux précoces frénésies
La peur de posséder
La plénitude
Du plaisir
Une échappée
Dans le rêve
Mièvre
De l'infinie attende
De l'impossible
Abandon

Sur un mur de bois
Le désir contenu
Lâche une semence
Chaude captive
Du bien jouir
Autorisé

J'escalade le virtuel
Baisse les yeux sur l'amour
Je jouis trop vite
Pour ne pas posséder.

La vieille

La sueur froide des vieilles peurs noires
Transpire de son vieux cuir usé par les ans
Entre ses mâchoires serrées ses déboires
Bavent quelques mots fous pour caresser le vent

Egarée dans les affres du temps déjà mort
Perdue elle ignore la vie vite oubliée
Sac d'os sur une chaise droite le remord
Broie sa raison l'horizon en trouble buée

L'amour s'est évaporé en gouttes de pluie
Elles ont coulé froides le long de son dos nu
Pour un frisson de glace au bas des reins meurtris
Le poids du monde en un univers incongru

La mort n'a pas de temps pour venir la cueillir
Comme un fruit blet pendu à sa branche morte
Bien au-delà des sentences du bien vieillir
Elle accroche un pâle sourire à sa porte.

Sous le ciel

Lovée au creux d'un rocher.
Le soleil chaud pour amant.
Les yeux de rêve fermés,
Sous la caresse du temps.

Sur le grain fin de ta peau,
Une main frôle un frisson.
Sous le ciel, sans oripeaux,
Nue, au désir d'abandon.

Des lèvres, d'un doux baiser,
Effleurent ton sein hâlé.
Parfum de sel, terre ambrée,
De pierre chaude d'été.

Le désir, sous la brise,
Frissonne de sa fièvre,
Qu'un éclair électrise
D'un diadème d'orfèvre.

Foudre, feu flamme désir,
Nos bouches croquent l'envie.
Au silence, le plaisir
Sur la porte d'infini.

Au creux d'un rocher, lovée,
Le soleil chaud pour amant,
Les yeux de rêve éveillé,
Ton cœur séduit par le vent.

Sculpture

Egérie de mon rêve
Désir de tous mes temps nus
Mes caresses sans trêve
Sur ton corps belle ingénue
Sculptent les creux d'absence
De nos langues grain de peau
Des frissons de l'errance
De nos lèvres en rouleaux
De houle d'embruns de sel
De creux et de vagues bleues
Tourbillons de carrousel
Aux filaments de cheveux

Sur tes fesses un baiser mord
Souffle tempête désir
La foudre d'un fol accord
Au grand large du plaisir
Une ondée chaude de pluie
Ruisselle sa tendresse
Aux appétits alanguis
Le temps de douce ivresse
D'une lumière d'ombres
Aux galbes de nos secrets
La rage en ses décombres
Murit un nouveau banquet

Une main courbe le temps
D'un léger pli sur l'envie
Une brise un léger vent
Le désir comme infini.

Soir d'été

Le soir échauffe ton rêve,
Qu'une douce main caresse
Du profond ciel du bel été.
Le temps en équilibre feu.
L'image de fesses charnues.
L'attente de déchirure,
La quête pressante d'un saut
Dans le vide des frissons nus.

Ton ventre s'ouvre et se ferme,
Comme une vague houle bleue
Aux embruns de sel d'une peau.
Sur tes lèvres, baisers sable,
Une langue, comme marée
Sur l'estran de ton sexe chaud,
Attise un feu de tempête,
Qui t'inonde d'un soleil blanc.

Une onde de source chaude
T'emporte au lointain d'horizon
Sur un vent de force calme,
Tourbillon doux de violence
Au-delà du temps ébréché,
A l'intérieur des galaxies
Lointaines présences vives.
Tu es le temps en cet instant.

L'amant de rêve sublimé
Déjà disparu dans le ciel.
Sur ta peau, des grains de sable,
Diamants silice, doux secrets.
Le désir feu épanoui
Irradie la terre d'été.
Le parfum de plénitude
D'un bref écart au cœur du temps.

Esotérisme nu d'un rêve d'ange libidineux

Reprenons…
Il y a un ange.
Mon ange.
Le mien, perso.

Je suis à jamais,
Être de conscience,
Inaccessible complexité vivante,
Dans mon éternité d'absence,
Dans ma surrection du néant,
Dans mon impermanence de lumière.

Je le veux magicien des chaos,
Superviseur du désordre,
Agenceur des multitudes,
Ouvreur de voies sans fin,
Entité secrète à elle-même,
En perpétuel devenir,
Sans frontières ni limites.
Je brasse les brins de lumière,
Les grains de bien être,
Les gouttes de saveur,
Pour jouir encore et jusqu'à toujours
Des illusions que je me construits,
Pour survoler le rêve de mes réelles craintes du bonheur.

Je suis être,
Je suis intelligence et vide profond,
Je suis homme et je suis bête,
Je suis sot et divin,
Je suis atome et univers ;
Je suis un et je suis tout.
En moi se poursuit l'extension de l'univers.

Je l'implore et il devient.
Je l'oublie et il se perpétue.
Je le vilipende et il me caresse de sa tendresse.
Je le fuis et il me précède.
Je lui suis infidèle et il m'aime davantage.
Je me fuis et il m'enracine en mon histoire.

Reprenons. Il y a un ange…

Muse, traîne misère

Ma muse s'amuse à me faire faux bond
L'écran de mon ordinateur reste blanc
Vide de tout élan de l'inspiration
Un beau lapin au rendez-vous des amants

Elle se distrait ailleurs nue dans les salons
Des fièvres convenues de quelques verbeux
Elle s'émoustille à titiller quelques cons
Qui s'offrent lascifs à ses reins généreux

Ma muse est une salope interlope
Ses mœurs équivoques font formes molles
Courbent les creux suintent un jus psychotrope
Par les pores des idées les plus folles

Elle inonde le monde de ses miasmes
Répand ses effluves de douce folie
Enivre et enserre en de violents spasmes
Elle est reine en ses rêves de paradis

Ma muse a oublié notre pacte fou
Ecrit dans le sperme du feu d'un dragon
Au coin froid d'un cauchemar de loup garou
Elle baguenaude dans l'antre d'un démon

Elle reviendra de ses lèvres déchirées
Raconter ses déboires au lit fleuve
Des caresses d'acide d'un ciel d'été
Cracher les vagues fougues d'amours neuves

Ma muse je désire encore boire
Le flux chaud de ton sexe de jouvence
Je donnerai les mensonges à croire
Sur le bord de tes mots bleus d'espérance

Pour un envol au sommet de tes frasques
Pour une danse au son sourd des tonnerres
Je serai nu je poserai mes masques
Pour être ton amant traîne misère.

Au jour le jour

Samedi
Ca me dit.
Ca te dit ?

Ma muse
S'amuse
Abuse

Lundi
L'un dit.
Tu dis ?

Poète
Esthète
P'tit bête.

Jeudi.
Je dis.
Envie.

Au jour
Le jour,
L'amour !

Prendre la mer depuis la rive

Je t'invite à prendre la mer
Sur les sables mouvants du temps
Cap aux désirs de nos envers
Insatiables espoirs du vent

Les murmures de nos rêves
Nous disent les vagues d'envies
D'êtres que l'amour élève
Sublimes caresses de vie

Laisse tes lèvres bleues glisser
Sur la peau d'un visage sel
Ton corps de fièvre s'envoler
Sur le plus beau des carrousels

Nous irons sur l'île vierge
Poser les premiers pas du temps
Des amours aux douces berges
D'un long fleuve au cours nonchalant

Larguons toutes les amarres
Voiles au vent des tempêtes
L'amour cette perle rare
Brûle aux flammes de nos têtes

Errons au gré des allures
Des élans du désir soleil
Les corps aux nœuds des amures
Du plaisir toujours en éveil

Nous jouirons des bourrasques
Du désordre déconvenue
De nos caprices fantasques
De vieux amants aux désirs nus

Viens je t'invite à l'abandon
De nos rêves bleus les plus fous
Prenons le temps à reculons
De l'espace vide entre nous.

Blanche Lune

Blanche Lune de pleine Lune
Un loup garou viendra caresser
Sur ta peau la fièvre fortune
De ton chaud désir exacerbé

De son poil hirsute sur ton corps
Il électrisera la nuit bleue
Dans un chaos aux étoiles d'or
Ses griffes démêlant tes cheveux

Son haleine chaude et sa langue
Attiseront en coups de râpe
Les feux de tes spasmes exsangues
Au nectar de folles agapes

Laisse-le mordre tes chairs aux plis
Orgasmiques de tes brûlures
Regarde au fond de son œil rubis
L'éclair des mots qu'il te susurre

Blanche Lune de pleine Lune
Ouvre la porte au souffle d'amour
Couche chaude de sable dune
Sur l'estran du temps l'homme loup court

Il se couchera sur ton ventre
Volcan d'un océan tempête
Des jours et des nuits l'épicentre
L'homme alors mangera la bête.

Grande Sure de Chartreuse

Par grand vent de Sud, en rafales,
Après la combe des veaux, Jusson,
Prairie en tempête infernale,
Ouvre l'espace de déraison.

Le ciel se tourmente en nuages,
Gris et noirs, porteurs d'une eau trouble.
En bas, Voiron, comme enfant sage,
Se courbe quand le vent redouble.

Le souffle se déchaîne en folie,
Venu de la Méditerranée,
Il est chaud comme un été roussi,
L'herbe plie, il ne reste qu'un cri.

Bourrasques fièvres de l'automne.
La Chartreuse, sous la caresse
Furieuse d'un amant, ânonne
Les sons brouillés de sa détresse.

Une croix au nom d'Irma Moirant
Commémore au pied de ces rochers
Une accidentelle mort d'antan.
Ce jour le vent hurle ses baisers.

Soulevé par un fort tourbillon,
Je suis emporté, comme un fétu
De paille du souvenir fécond,
Sur la grande' sure, Chartrousin nu.

D'abord, et puis après on verra...

D'abord on virera tout le monde,
Tous ces énarques, semeurs de sable,
Dans les tuyaux des usines à gaz.
On pourra alors se mettre à table.

On distribuera des dividendes,
Pris sur les intérêts de la dette.
On mangera même de la viande,
Préparée en nouvelles recettes.

Une' grande bouffe de République,
Avec suffrage des ritournelles,
Des chants populaires bien lubriques.
Nous danserons autour des gamelles.

On ouvrira les portes des prisons,
Pour qu'un air frais puisse enfin y entrer.
Nous jouirons de jouer au plus con,
Fumeurs d'herbes en soupirs échangés.

On fera l'amour à chaque occasion,
Dans un temps de plaisirs aux quatre coins.
On s'appliquera à tourner en rond,
Pour être sûrs de perdre nos chemins.

On jouera à se faire le grand soir,
Sans p'tits matins à la gueule de bois.
On cassera menu tous les miroirs,
Que nos rides plus jamais ne se voient.

On tirera au sort une liste
De cinq mille personnes majeures.
On les nommera « grands intégristes ».
Elles doseront le sel dans le beurre.

Enfin, on fera le licenciement,
De tous ceux ayant encore un emploi,
Pour que chacun stresse très librement,
Sans qu'un autre ne le montre du doigt.

Les poètes seront tous internés,
Dans les mots de leurs fières libertés.
On se croira seul à savoir rêver
Du plein emploi, tous enfin licenciés.

N'en jetez plus !

La cour est trop pleine arrêtez !
N'en jetez plus, y'en a assez.
C'est la rengaine des français
Qui vont donner un coup d'balai !

La cour des contes raconte
L'histoire de grandes frayeurs,
Jeux d'enfants de lourds gérontes,
Perdus dans leurs rêves d'honneurs.

La cour des miracles s'ennuie
Des énarques qui mesurent
La longueur de leurs arguties
Dans leurs mots de boursouflures.

La cour de nos récréations
Est cachée par de très hauts murs,
Dans les normes de précautions,
Risque zéro des aventures.

La cour de justice s'endort,
Sous les flots de mots des experts.
Les victimes sont dans leur tort,
Elles sont la source des pervers.

La cour du roi danse au palais.
Le roi est nu dans ses discours.
Les conseillers sont par milliers,
A inventer de nouveaux jours.

La cour est trop pleine arrêtez !
N'en jetez plus, y'en a assez.
C'est la rengaine des français
Qui vont donner un coup d'balai !

Cœurs pantois

De nos rêves, source des désirs,
Coule le réel aux lèvres miel,
Suave parfum de nos plaisirs,
De nos amours ressacs torrentiels.

On se possède en un rêve bleu,
Au grain de peau de baisers de sel,
D'un corps à corps en vagues de feu,
Dans le grand tournis d'un carrousel.

Nous nous inventons en images,
Dans le scénario couleur senteurs,
Sur tes seins les plus belles plages
Au sable chaud d'un soleil rêveur.

Nous ondulons aux creux de langueurs,
Attisées par les spasmes braises,
Suaves promesses du bonheur
De petite mort en genèse.

Nos rêves s'éveillent au réel
De nos plaisirs aux frissons d'émois,
Le sublime partage charnel,
Eternel envol des cœurs pantois.

Comme un dindon, je glousse...

C'est parce que je n'ai rien à dire
Ou presque rien comme j'allais le dire
Que je m'applique à le faire savoir
A l'étaler et donner à voir

On me voit partout on m'entend fort
Diarrhées de mots longues métaphores
Je suis coqueluche des média
Qui font images de mon aura

Je pérore et navigue à vau-l'eau
Expert du tout et du rien nigauds
J'ai l'avis du jour sur le monde
Ronditude de mappemonde

Je glousse des rots comme dindon
Crête rougie d'exacerbation
Montre mes fesses pour figure
Profère à tout vent mes augures

Je cours après moi pour être moi
Vide abyssal au fond de l'effroi
Je plonge dans la vase du temps
Pour le grand bain de rêves de vent

Quand j'ouvre la bouche il sort de l'or
Qui coule en barres pour mes sponsors
Quand je pense je prends la frousse
C'est pour ça qu'à nouveau je glousse...

Une onde du temps

Sur le cuir des jours
Les frissons des peurs
Creusent les rides
De nos regrets froids

Sur la peau des nuits
Les amours mortes
Troublent les rêves
Des couleurs d'oubli

Comme un souffle chaud
Le sel d'un baiser
Aux lèvres du sort
Des rencontres bleues

Sous les caresses
Glisse le temps fou
Du désir d'aimer
Nu sans oripeaux.

L'heure d'aimer...

Mon rêve a trouvé ses couleurs
Dans le profond ciel de tes yeux
Ma bouche au goût miel du bonheur
Des baisers au fleuve entre deux

Voyage au long cours des chagrins
Frissons de matins lumineux
Mes mains sur la peau de tes seins
Dessinent les aurores bleues

Vibration d'une apesanteur
Harmonie du temps fugace
L'amour dans ses braises fureur
Couve au profond de l'espace

Douce chaleur de l'étreinte
Toujours au cœur des intuitions
Libérées de toute crainte
La force claire d'unisson

Au cœur de folles tempêtes
Un sel corrosif dans les yeux
S'ouvrent les portes secrètes
L'océan du désir des dieux

Je t'aime toujours loin du temps
Je t'aime en un rêve incertain
Dessein d'un espoir nonchalant
D'un paradis au creux des reins

Je m'éveille au rythme des jours
Dans la mélodie bleue du temps
De ce beau voyage au long cours
Amour rêvant de ses amants.

Lèvres d'éveil

Le rêve est bleu effacé
Sur la rive du désir
Le réel l'a emporté
Aux séismes du plaisir

Un sommeil lourd s'est creusé
Dans les abandons d'envie
En noir et blanc minoré
Jusqu'aux ombres de l'oubli

L'éveil vibre à l'aurore
De lèvres sel sur la peau
Pour être amant encore
Nu sans aucun oripeau

Le jour est bleu lazuli
Promesse folle d'amours
Couleurs de doux appétits
Aux insatiables détours

Le rêve des embellies
A la source des baisers
S'embrase aux creux des non dits
Aux embruns de vieux secrets

Ressacs des corps en fièvre
Jusqu'aux orgasmes de feu
Frémissements des lèvres
Pour ne pas se dire adieu.

Poussières de la piste

A quoi ça sert tous ces mots sur le papier blanc,
Si personne n'est là pour les crier au vent ?
Sur la grève de bourrasques de l'océan,
Ils filent sous le sable des crabes dormant.

Vieilles feuilles de papier, un écran éteint,
Y'a des cris joyeux d'enfants se tenant la main,
Des corps hâlés, cheveux aux vents de sel marin,
La nuit, le jour et surtout des petits matins.

A quoi ça sert ce silence au creux des pages ?
Une mer d'huile un jour de ciel gris sans âme,
Une croûte défraichie aux couleurs fades,
Sur le continent d'amour île déserte.

Ecrire au plus haut des sommets blancs de neige,
Dire aux secrets, qu'ils ignorent que s'agrègent
Au cœur des hommes, là où l'amour s'empiège,
Les forts désirs, que leurs caresses abrègent.

Peu importe, si tout cela nous rend heureux !
Il coule un sang de douce futilité bleue,
Encre invisible du temps d'êtres amoureux.
Quelques arabesques, pour figures des dieux.

L'inutile est le flux nécessaire à l'espoir,
Qu'il tourne en une danse lascive du soir,
Comme un trésor, enseveli au dépotoir,
Promesse, qu'il donne d'un prochain au revoir.

L'artiste un jour saisit tous les mots oubliés
Sur de vieux cartons, lit d'un homme abandonné
Au destin d'une panique modernité.
Il les roule en sa bouche, pour les enchanter.

Poète, tu peux achever ton silence.
Il se trouvera un jour un bel artiste,
Pour faire vibrer d'émotions tes souffrances,
Saltimbanque des poussières de la piste.

A la commissure des lèvres

A la commissure des lèvres,
Un baiser, lave d'un vieil oubli,
Dans un sourire triste et mièvre,
Suinte sa marque de sel de vie.

Il glisse en une ride du temps,
Fermant un visage en son rêve
Des caresses de ce doux volcan,
Sillon sable d'ocre à la grève.

Son souffle s'échappe sur la joue,
Comme des embruns froids de mousse,
Qu'il rosit de bleus souvenirs fous.
Il illumine une frimousse.

Un baiser, comme un très vieux soleil,
Chauffe le temps d'un frémissement.
Vague de fond d'un profond sommeil,
Il inonde le ciel d'un serment.

A la commissure des lèvres,
Les mots chauds tremblent et susurrent
Les promesses de belle fièvre.
Un amour, qu'un baiser rassure.

Au silence, unisson

Des milliers de poèmes.
Des centaines de milliers
De mots, pour dire « on s'aime ».
Le filtre temps sablier.

Passent points et virgules.
Entre pleins et déliés,
La même houle ondule
D'un désir entrelacé.

Une encre sèche, noire.
Les rimes scandent au vent
De cette belle histoire,
Les parfums de peaux d'amants.

Le rêve coule encore,
Plus loin que le point final.
Lumière des aurores,
L'amour, au feu sidéral.

Les mots se cognent entre eux,
A se vouloir crier fort,
Pour sonner à qui mieux mieux
Les caresses d'âge d'or.

Je susurre les rimes,
Au creux de ton oreille,
Des envolées sublimes,
Quand le désir s'éveille.

Les mots s'enflamment alors
En une seule embellie.
Découverte du trésor.
Profond silence accompli.

Nous croquons ce silence
Des mots d'amour oubliés,
Dans cette même danse
De nos corps en majesté.

Adverbades

« Là-loin » sonne mieux que loin de là.
On ne dit toujours pas : « bas-de-là »,
On dit : « là-bas », voilà, c'est comme ça,
Même si pourtant ce n'est pas plus bas.
Là-haut fait cependant haut-de-là,
Quand on l'entend et ne l'écrit pas.
Quand on y est, là, je ne sais pas !

Ici-loin, c'est nigaud ici-bas.
Y'a rien à faire, ça ne se dit pas.
L'ubiquité de l'adverbe là
Existe parfois et parfois pas,
Çà et là et puis de-ci de-là.
Etre là, ou bien n'y être pas...
Youp, là, boum ! Tralala ! Et voilà !

Amours tarifées

Economie de mots,
Périphérie des phrases,
Des silences longs comme l'attente,
Pour reprendre un souffle court.

Des regards perdus sur l'horizon
Au-delà de la lumière,
Des hauts le cœur
D'une nausée au bord des lèvres.

Des frissons froids sur la peau
De caresses oubliées.
Des baisers gris
De tempêtes de sel.

Une blessure ouverte
Au creux d'un temps jadis,
Pour le futur impossible
D'un corps écorché.

Un sexe sans amour
Aux plaisirs d'une violence.
Le trou béant des jours,
Pour éternelle appétence.

La belle obscure
Donne aux peurs de nuit
Une étoile scintillante
Pour s'arracher le cœur.

Y'a des perles d'amour
Sur le velours noir du temps.
Des trous, par où passe le jour
Des espoirs croqués par le vent.

Flammes océan

Sous les rayons de pluie d'automne,
Gouttes de soleil, perles d'été,
Les mots, que le désir ânonne,
Sur des lèvres bleues énamourées.

Des vagues, bourrasques tempêtes,
Déchirent les côtes de sable,
Qu'un fleuve, fou de sa conquête,
Griffe d'un amour insatiable.

Dans l'œil du cyclone de passion,
Un souffle cherche sa profondeur,
Sur les caresses, tendre unisson,
De sa quête absolue de fureurs.

L'océan, au millier de fleuves,
S'offre l'amour d'un nouvel amant,
Sous la pluie, parure peau neuve,
Ruisselle la terre de l'estran.

C'est la saison des amours d'été
Sous les embruns acides glacés
De l'automne des corps oubliés
Sur les plages du rêve d'aimer.

La pluie d'automne, sur le désir,
Suinte une lave de tisons bleus.
Mille diamants, promesses plaisirs,
Des flammes océan dans les yeux.

Vieille peau des amours

Y'a pas d'île déserte où accoster,
Ni de chant des sirènes pour rêver...
Y'a que le sel, qui burine la peau.
L'humidité, qui te ronge les os !

C'est beau l'amour sous le ciel de l'été.
Ça te donne des couleurs à bouffer.
C'est mort l'amour au temps noir des regrets.
Ça t'enferme, tout au fond des secrets.

Vogue l'épave comme un vieux radeau !
Du sable entre les mains, entre deux eaux,
Carcasse déjà molle de l'oubli,
Un rêve d'amour s'est évanoui.

Les tempêtes ont le goût d'absence.
Elles roulent la croupe des vagues
Au creux d'une même turbulence.
Un désir en errance divague.

Y'a ce vent lancinant, qui hurle un nom.
Le cœur sur les lèvres, le ventre lourd,
Tu te traînes, les yeux clos, sur le pont.
Ça cogne, ça siffle et tu restes sourd.

Y'a bientôt plus qu'une planche sur l'eau.
Plus de vent non plus, un faible clapot,
Un souvenir, peut-être quelques mots
Gravés de bleu sur une vieille peau.

Père noël...

J'ai passé commande,
Par la poste.
Des collages papier
D'images des magazines de maman.

Un joli profil,
Bien équilibré.
Il est beau,
Fort, tout comme il faut.

Des couleurs,
Chaudes et rigolotes.
Et du parfum aussi,
Doux comme un long bisou du soir.

J'ai ajouté des poils,
Comme une barbe, mais pas trop.
Un bonnet rouge,
Pour rigoler.

La colle a débordé
Ça fait des taches
Sur le papier.
Faut pas les regarder.

Je voudrais un papa,
Pour Noël.
Un vrai,
Pour me câliner.

La guerre en horizon

La guerre en toile de fond
Tabou de tous les discours
Policés par le jargon
Des bons élèves de cour
Ravage les continents
De morts et de corps déchus
Que de savants boniments
Font hérauts de leurs vertus

Il faut vendre les armes
Et fi des démocraties
Aux prétextes d'alarmes
Et de belles inepties
La paix broute ses lauriers
En pachyderme trop lourd
De promesses espérées
Pour les bons peuples balourds

La guerre pour fier avenir
Inscrite dans les siècles
Comme impermanent désir
Des plus fumeux oracles
Nous aimons le sang versé
Les vengeances sournoises
La haine en tous ses secrets
Ses effluves narquoises.

Les habits de violence
Sur la misère des temps
Subliment les carences
Des âmes d'innocence
Peau de chagrin des hommes
Sur la peau nue des amours
Au décompte des sommes
D'espoirs vendus aux vautours.

Aux creux du temps

Un regard de feu a suffi,
Pour fondre au soleil d'appétits.
L'espace s'emmêle aux couleurs,
Sueurs, musc, folles senteurs.

Ombres et lumières du temps.
Sur le grain de peau des amants,
Un frisson court comme un ruisseau,
S'immisce sous leurs oripeaux.

Parfums et lumière de vie.
Dans les veines de leur envie,
Le désir embrase leur sang.
Le jour s'attise incandescent.

Un baiser flamme fait le noir.
Aux caresses des corps vouloir,
L'éternité brûle ses creux
En ces instants à être dieux.

Bonne année 2015

La bonne année
La bonne santé !
Faut rigoler,
Nouvelle année !

Chaque cycle
S'achève un jour,
Bel article
Des grands retours.

Quatre saisons :
Des élections,
La déflation,
Des mirlitons…

A la vôtre
Mes chers amis,
Bons apôtres,
De grands mercis.

Une injonction,
Pour être heureux :
Révolution
Du globe bleu !

Au soir du jour,
Revient la nuit.
Et nos amours,
Qu'est-ce qu'on en vit ?

Après la paix,
L'espoir de paix.
Avant la vie,
Déjà la vie.

Eternité… ?
Sans leur début,
Les jours passés
Vont au rebut.

Encore encore,
Jusqu'au dernier,
Celui perdu
A tout jamais.

Bonne année 2015

La bonne année
La bonne santé !
Faut rigoler,
Nouvelle année !

Chaque cycle
S'achève un jour,
Bel article
Des grands retours.

Quatre saisons :
Des élections,
La déflation,
Des mirlitons…

A la vôtre
Mes chers amis,
Bons apôtres,
De grands mercis.

Une injonction,
Pour être heureux :
Révolution
Du globe bleu !

Au soir du jour,
Revient la nuit.
Et nos amours,
Qu'est-ce qu'on en vit ?

Après la paix,
L'espoir de paix.
Avant la vie,
Déjà la vie.

Eternité… ?
Sans leur début,
Les jours passés
Vont au rebut.

Encore encore,
Jusqu'au dernier,
Celui perdu
A tout jamais.

Rives de vie

Comme un fleuve gonflé de ses crues
Submerge d'émoi ses berges nues,
Tes seins ourlent de vagues de vie
Les rives du temps d'une embellie.

Un regard se pose et chavire
Dans les profondeurs bleues secrètes,
Où se perdent tous les navires
Des croisières trop indiscrètes.

Un grain de peau, fleurs de caresses,
Offre son velours aux baisers doux
De lèvres turgides d'ivresse,
Brûlantes, laves d'un volcan fou.

Invitation, rêve, voyage.
Déjà l'horizon se fait courbe,
Là-bas, au plus lointain des âges
Que les boues de désir embourbent.

Je dérive et me noie ébahi,
Porté par le cours de cette onde,
Aux aréoles roses de vie.
Le fleuve, amour d'un autre monde.

Vacarmes du cœur

Tu fermes les yeux, aux ressacs
Des vagues, houle des amours,
Quand le désir se met en vrac,
Déchire la peau de nos jours.

Derrière tes paupières nues,
Les secrets bleus des étoiles.
Aux voyages, déconvenues,
Le plaisir a pris les voiles.

A chacun, nos rêves promis.
Aux enlacements d'oripeaux,
Nos rides plissent nos envies,
Jusqu'aux abandons abyssaux.

Nos lèvres gémissent l'oubli,
A fleur de corps, fièvre frissons,
L'ailleurs, profond des interdits,
Où se perdent les illusions.

Nos souffles chantent silence,
Impossible à crier au temps.
Tes ongles griffent l'absence,
Sur les draps nous sommes absents.

Je ferme les yeux, pour sentir
La force s'éteindre aux larmes
D'orgasmes, présence à jouir.
Nos cœurs battent, vacarme.

Liberté d'expression ! Ah, les cons !
Je suis CHARLIE

Comme des poètes, ils sont morts.
On peut donc maintenant les aimer !
Même au cœur des cités oubliées,
Mal connues, trop caricaturées.

Les affreux, ils sont morts. Ah les cons !
Assassinés par des barbares.
Trous du cul, Maurice et Patapon
Pleurent nos mercredis hilares.

Les barbares sont notre image,
Quand leur violence dit la rage
De ne pouvoir exister vraiment
Qu'au fond du gouffre des errements.

Ces barbares n'étaient pas étrangers.
Ces assassins étaient trois français !
C'est le Français qui les a nourris.
Un racisme noir les a pourris.

Du fric, encore du fric, misère
Pour la multitude en galère.
Convoqués à être des frères,
Bernés de discours solidaires,

Le onze de janvier, pas très net,
Le grand jour des chômeurs sacrifiés,
Des femmes violées, des cons honnêtes.
Vive le peuple des négligés !

Slogans au verbe de déraison,
Aux émotions du populisme,
L'énarchie se fend d'un piège à cons.
Tous à poil contre le simplisme !

96

Manif ? Nue, dans le simple appareil,
La République est dissonance
Des citoyens, privés de soleil,
Qu'elle nourrit de désespérance.

Une grande marche : Ah les cons !
Ils vont enfler le fion des absents,
Par la diarrhée d'un cortège abscons,
De République jusqu'à Nation.

Le président mène la danse,
Du bal tragique des abstentions,
La République sent le rance,
En cet hiver d'un faux unisson.

Douze janvier 2015, gueule de bois

Unisson des dissonances,
L'Europe a pleuré la France.
Une chiure de pigeon
Sur les branches du diapason.

La sémantique convoquée :
Aucune manifestation !
Un rassemblement, fédéré,
Pour la liberté d'expression… ?

Des millions de gens dans la rue,
Moins quand même que les chômeurs !
Charlie ! Slogan d'un peuple nu,
Catharsis de toutes les peurs.

Les religieux pieux s'embrassent
Sur la bouche aux lèvres fermées,
Exorcisant la menace
Sur leurs vérités révélées.

Quand viendra le temps d'élections,
Les urnes froides d'abstentions
Repeindront la République
D'un arc en ciel véridique.

Un pigeon, laïc, parisien,
A lâché sa diarrhée blanche
Sur l'épaule d'un sacristain,
Humour de ce beau dimanche.

La rue de l'hiver a pleuré
Les morts en psaumes d'unité.
Le printemps aura oublié,
Quand viendra l'heure de vérité.

Douze janvier, gueule de bois,
Lendemain de fête des morts.
Au fond des zones de non droit,
Le bleu marine coule encore.

Cinquante cinq...

Cinquante cinq berges,
Le cours d'un long fleuve,
De sa source vierge
Au fil d'amours neuves.

Le temps se combine
De désirs et d'oublis,
Où s'embobelinent
Des regrets, des envies.

Le même doux regard,
A toujours repeindre
L'espoir, d'un vif égard,
A vouloir l'étreindre.

Cinq, comme doigts de la main.
Cinquante, comme on veut.
Cinquante cinq, demain
Pour se construire heureux.

Les années n'y font rien.
Le futur s'invente,
Avec de petits riens,
Aux coins des attentes.

Il demeure toujours,
Jusqu'au lointain des temps,
Le parfum des amours,
Le souffle impermanent.

Quand tu auras mille ans,
Et moi davantage,
Je serai ton amant,
Jusqu'au bout des âges.

Au creux d'un corsage,
Sur des lèvres bleuies,
Le plus beau voyage
Au brasier de la vie.

Culbuto, La république à vau-l'eau...

Pas la peine de faire semblant d'y croire !
Après celui qui planque son fric en Suisse,
Celui qui ne déclare pas ses revenus.
C'est le grand n'importe quoi, la grande foire,
A se la mordre en se tapant sur les cuisses,
Un nez rouge sur le nez, un doigt dans le cul !

Je n'ai qu'un seul ennemi c'est la finance !
On a cru les grands mots qu'on voulait entendre...
Je suis toujours chômeur et le schitt est trop cher !
Y'a plus d'électeurs, ils ont perdu confiance.
Ils prennent des psychotropes, pour se détendre.
La guerre nous court sur le râble comme un cancer.

La république a ses énarques sur le dos.
Ils forniquent, tirent leur coup, prennent le fric,
Donnent des leçons de crise à ce populo,
Qui hante les cités, fume ses joints, lubrique.
C'est le grand jeu des yeux bandés, le beau chaos,
Les grosses têtes s'amusent, elles ont la trique.

Ca va péter, mais personne ne sait par où.
Peut-être par le haut, par le bas, par un trou.
Peut-être par la rue dans une gay pride
Où par un coup d'état des réacs frigides,
Par-dessus, par-dessous, mais en fait on s'en fout.
Pourvu qu'on baise, qu'on bouffe et fume un peu tout !

Demain n'existe plus, c'est hier qu'on l'a mangé.
Y'a que quelques fous pour encore s'y attacher.
Le futur a fait le mur, il s'est échappé.
Ne reste que les matons, autour des cités.
Ils gardent les énarques dans leur vacuité,
Ministres ou présidents ailleurs éthérés.

Mariane est morte depuis bien trop longtemps.
Son cadavre est resté dans les sables d'Afrique.
La république ne se trouve pas d'amants,
Pour la faire jouir des joies du bien public.
Elle tapine pour ses énarques maquereaux,
Mais son rêve est au chômage sous ses oripeaux.

Pas la peine de faire semblant d'y croire !

Entrevues du temps

Telle une lave en fleuve chaud,
Comme un espoir trop attendu
Dans l'enveloppe d'oripeaux,
La fièvre des déconvenues.

Au corps à corps d'amours perdues,
Le temps cherche ses orgasmes,
Dans quelques belles entrevues,
Creux charnu de ses marasmes.

Torrent de boue et de gravier,
Le plaisir rafle la mise
Des caresses alambiquées
Des habitudes exquises.

Rêve des incertitudes,
L'amour, toujours bel étranger,
Peint en pâles hébétudes
Le cours des jours d'éternité.

Après le beau temps des amours,
Sur les rives du quotidien,
Les méandres, mornes contours
De soleils bleus, jusqu'à plus faim.

Quelque belle chute de reins
Culbute le cours de l'ennui,
Pour donner soif aux lendemains,
Où le désir déjà s'enfuit.

Chocolat chaud

Le chocolat chaud
Un peu trop sucré.
Sous nos oripeaux,
Un jour de janvier.

Tes yeux aussi bleus.
Tes lèvres fines.
Vagues de cheveux,
Heure câline.

Un doux frisson court
Au for du désir.
Chantonne l'amour
Au temps du plaisir.

Mes yeux s'amarrent
Pour ce voyage.
Tes fesses phare,
Rive sauvage.

Sous mes oripeaux
Un fleuve d'envie.
Caresses de peau
Janvier refleurit.

Mots du quotidien
Sucre chocolat,
Pour des lendemains
Chaos d'entrelacs.

Ta chute de reins
Comme sable chaud.
Aux coins du destin,
Le grain de ta peau.

La mousse blanche,
Crème chocolat.
Moustache blanche.
Baisers chocolat.

D'un long voyage

Où je suis tu es
Où tu es je suis
Le temps et l'oubli
Déclarent forfait.

Pour être amoureux
Une vibration
Reste à l'unisson
Faut-il être deux.

Jusqu'au fond des temps
Les amours tissent
Une pelisse
Aux froids des amants.

Un grain de désir
Perle de diamant
Erode le temps
Retient l'avenir.

Feu atomique
Soleil intérieur
Rebelle seigneur
Amour magique.

Sur nos lèvres feu
Les frémissements
D'un puissant volcan
Regards amoureux.

Nos mains recherchent
Dans les gants du temps
Les frissons du vent
Sur nos peaux rêches.

L'avenir revient
D'un long voyage
Au fond des âges
L'amour nous étreint.

Oublis

Dans les gants du temps
Nos doigts engourdis
Caressent le vent
Des frissons d'oublis

Ta chute de reins
Image désir
Chaude sous la main
Promesse plaisir

Une poussière
Dans l'œil cyclone
Au grand mystère
Belle amazone

Chevauchée d'amour
Aux spasmes du corps
Le vide toujours
Furtif météore

Au cœur de la nuit
Une lumière
Eblouit l'ennui
De solitaires

L'amour a fauché
D'un éclair de vie
Le temps hébété
Dans son asphyxie

Un sexe velours
Toison de douceur
Etoile de cour
Des frasques du cœur

Donne ses lèvres
Aux baisers d'envie
Délire fièvre
Sublimes oublis.

Un rêve à tenir

Le désir de toi
Au fil des amours
Glisse au bout des doigts
Sur la peau des jours

Un frisson s'en va
Donner le plaisir
Au jeu d'entrelacs
Des corps à gésir

Nos lèvres de feu
Lavent des torrents
Impulsifs fougueux
Fleuves des amants

Nos regards brillent
Etoiles phares
Le temps scintille
Soif de se boire

Sur les peaux d'amour
Brûlent nos envies
A aimer toujours
Jouir à l'envi

Jours solitaires
Voyage au lointain
L'instinct grégaire
Creuse nos destins

Un bel orgasme
Pour mille à venir
Vagues fantasmes
D'un rêve à tenir.

Souffle boréal

Rouge orangée, du crépuscule,
Tous les désirs fous, tous les émois,
La neige bleue sous le ciel brûle,
Sublime et géant spectacle froid.

Une promesse d'éternité,
D'une douce lumière chaude.
Un instant du rêve liberté,
L'esprit s'abandonne en maraude.

Désir, pulsion hâtive de vie,
Une embellie s'échappe des corps.
Sur les hauteurs bleues, caresses d'envie,
Chacun fuit l'instant dans ce décor.

Fugitive escapade du temps,
Dans une pause aux vibrations bleues.
L'immense velours impermanent,
L'être passant se mesure à Dieu.

Fusion symbiose d'amours en feux.
Désir minéral et animal.
Sur la roche molle d'un ciel bleu,
L'amour pose un souffle boréal.

Ce soir de février, j'existe,
Minuscule et saisi de beauté.
Au fond de vallée, réaliste,
Je suis poussière d'immensité.

12 février 2014.